Table des matières

L'arbre de la vie 4
Les habitats 6
La chaîne alimentaire 8

Les mammifères

Les grands félins 12
Autres grands félins 14
Les chats 16
Les chiens 18
Le loup 20
Le renard et le dingo 21
La loutre de mer 22
Le blaireau et le putois 23
Le morse 24
Le phoque 25
L'ours brun 26
L'ours polaire 27
Le panda géant 28
Le panda roux 29
Le rhinocéros 30
Le cheval 32
Le zèbre 33
Le yack 34
Le cerf et l'élan 35
Le buffle 36
La vache et le mouton 37
Le dromadaire 38
La girafe 39
L'alpaga 40
La vigogne et le lama 41
Les baleines 42
Les dauphins 44
Le narval 45
L'hippopotame 46
Les chauves-souris 48
Le hérisson 50
La taupe 51
Le lapin 52
Les lièvres 53
Les rongeurs 54
Le gorille 56
L'orang-outan 57
Les singes 58
Le paresseux 60
Le tatou et le fourmilier 61
L'éléphant 62
Les marsupiaux 64
L'ornithorynque 66
L'échidné 67

Les oiseaux

Les oiseaux chanteurs 70
Le perroquet 72
Le cacatoès 73
Le toucan 74
Le pic-vert 75
Le martin-pêcheur 76
Le kookaburra 77
Les rapaces 78
Les hiboux 80

Les manchots 82
Le flamant rose 84
Les oiseaux aquatiques 85
Le paon bleu 86
La poule 87
Le kiwi 88
L'autruche 89

Les reptiles

Le crocodile 92
Le caïman et l'alligator 93
Les lézards 94
Les iguanes 95
Les caméléons 96
Les serpents 98
La tortue marine 100
La tortue terrestre 101

Les amphibiens

Le crapaud 104
Les grenouilles 105
La salamandre 106
Le triton 107

Les poissons

Le poisson-zèbre 110
La rascasse 111
L'hippocampe 112
Le chardonneret d'eau 114
Le piranha 115
La raie 116
Les requins 117

Les invertébrés

L'oursin 120
L'étoile de mer 121
Les insectes volants 122
Le papillon 124
La libellule 125
Les scarabées 126
Les coccinelles 127
Le scorpion 128
Les araignées 129
Le crabe 130
La mante de mer et le krill 131
La pieuvre 132
La seiche et le nautile 133
L'escargot et la limace 134
La moule et le nudibranche 135
La méduse et la plume de mer .. 136
L'anémone de mer et le corail .. 137

Les espèces disparues 138
Les espèces menacées 139

Glossaire 140
Les animaux de A à Z 142
Remerciements 144

Les mammifères

Le renard

Les mammifères ont de la **fourrure** ou des **poils**. Les bébés boivent le **lait** de leur mère.

Les reptiles

Le serpent

Les reptiles ont une **carapace** ou des **écailles**. La plupart pondent des **œufs**.

Les poissons

Le requin

Les poissons vivent dans l'eau et respirent grâce à leurs **branchies**. La plupart ont des **écailles** et des **nageoires**.

L'arbre de la vie

L'arbre de la vie permet de comprendre que tous les êtres vivants sont **reliés** entre eux. Sur chaque branche, on regroupe les animaux qui se ressemblent.

Les oiseaux

Les oiseaux ont deux **ailes**, un **bec** et deux **pattes** munies de **griffes**.

Le perroquet

Les amphibiens

Les amphibiens ont une **peau lisse**, sans écailles, ni poils ni plumes.

La grenouille

Les invertébrés

La méduse

Les invertébrés **n'ont pas d'os** dans leur corps.

L'abeille

Tous les animaux qui ne sont pas des invertébrés sont des **vertébrés**. Cela veut dire qu'ils ont une **colonne vertébrale**.

9 animaux sur 10 sont des invertébrés.

Les habitats

On appelle « habitats » les lieux de vie des animaux. Il existe toutes sortes d'habitats différents à travers le monde. L'habitat d'un animal est l'endroit qui lui convient **le mieux**.

Les montagnes

Certains animaux vivent dans les hautes montagnes, souvent dans des conditions difficiles.

Les forêts

Il existe deux sortes de forêts : celle de nos régions tempérées et la forêt tropicale.

Les pôles

Les pôles sont des endroits froids, couverts de neige et entourés de mers glaciales.

Les océans

Les océans, qui forment une énorme masse d'eau salée, constituent l'essentiel de notre planète.

Les prairies

Les prairies sont de vastes étendues d'herbe où poussent parfois des fleurs.

Les déserts

Les déserts sont des endroits très chauds ou très froids, où il pleut rarement.

La chaîne alimentaire

La chaîne alimentaire permet de comprendre comment les êtres vivants produisent de l'**énergie** à partir de ce qu'ils mangent. Tous les animaux participent à la grande chaîne alimentaire.

L'herbe

Le gnou

Les producteurs **fabriquent eux-mêmes leur nourriture** en utilisant l'eau et la lumière du soleil.

Les consommateurs primaires ne peuvent pas produire leur propre nourriture. Ils se nourrissent de **végétaux**.

Le régime des animaux

On distingue trois groupes d'animaux : les carnivores qui mangent de la viande, les herbivores qui mangent des végétaux et les omnivores qui mangent de tout.

Carnivore

Herbivore

Omnivore

Les consommateurs secondaires

Le lion

Ces **prédateurs** chassent et mangent les consommateurs primaires, qu'on appelle alors « **proies** ».

Les décomposeurs

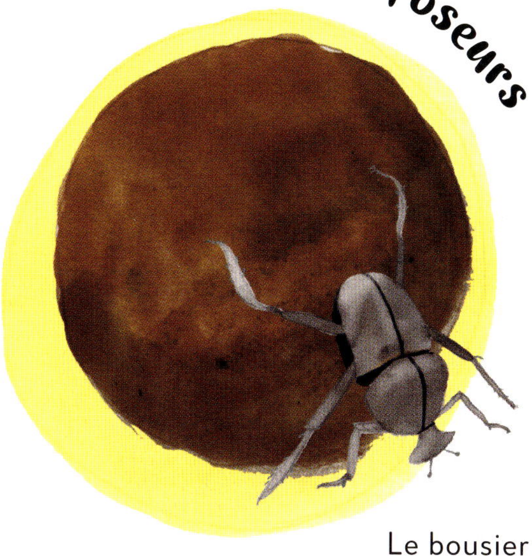

Le bousier

Les décomposeurs se nourrissent des **excréments** des animaux, mais aussi de végétaux et d'animaux **déjà morts**.

Les mammifères

Depuis la petite souris jusqu'à l'énorme baleine, les mammifères vivent aussi bien sur terre que dans la mer. Ils ont tous des poils, même si parfois ça ne se voit pas...

Les grands félins

Même s'ils appartiennent à la famille des chats, ils sont bien plus grands. C'est parmi eux qu'on trouve les animaux **les plus rapides** et **les plus puissants** !

Fourrure rayée

Les tigres sont les plus **grands** et les plus **forts** de tous les félins.

Chaque **patte** se termine par des **griffes** acérées.

Le tigre

Le lion adulte a une épaisse **crinière**.

Le lion vit en groupe qu'on appelle « **troupes** ».

Le lion dort jusqu'à 20 heures par jour.

Le lion

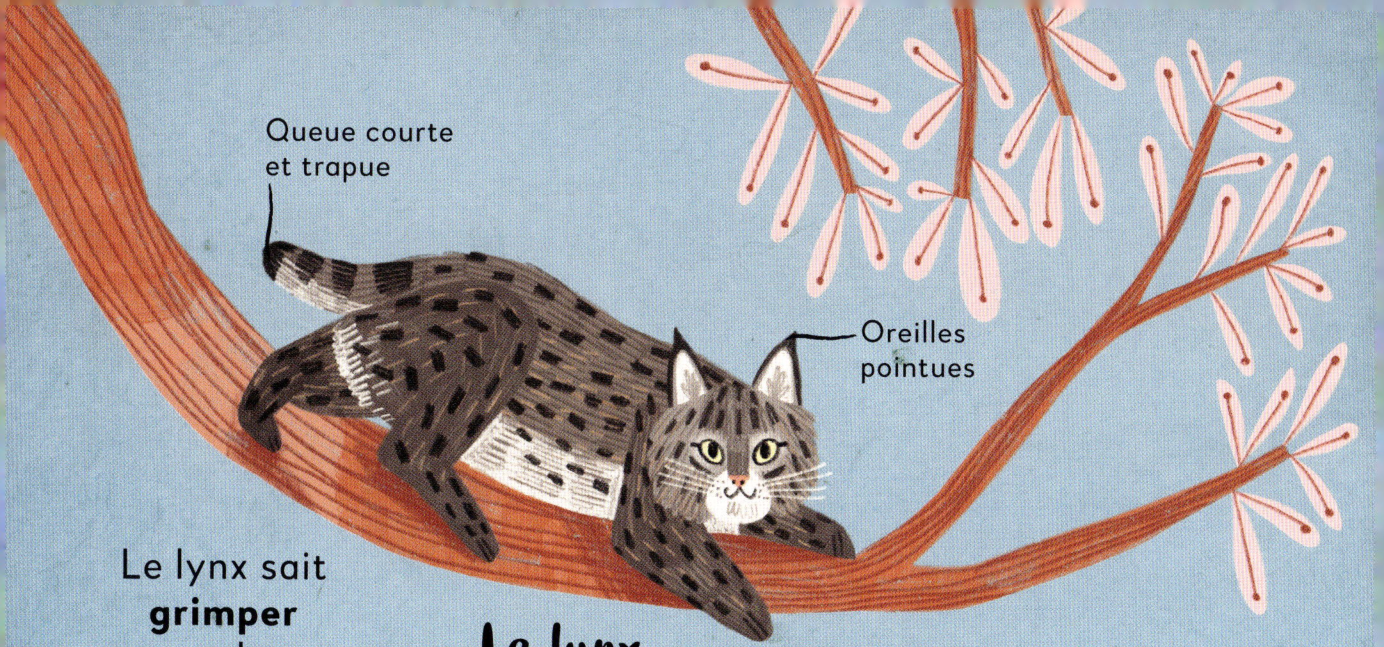

Le lynx sait **grimper** aux arbres.

Le lynx

Le guépard est le **plus rapide** de tous les animaux. Il court trois fois plus vite qu'un être humain !

Le guépard

Le puma vit aussi bien dans la **jungle** que dans le **désert**.

Le puma

Certains grands félins **rugissent** pour faire fuir leurs ennemis. D'autres, en revanche, ne savent que ronronner.

Autres grands félins

La plupart des grands félins vivent **seuls**, sauf les mères qui veillent sur leurs **bébés**.

Leur fourrure **tachetée** permet aux léopards de disparaître au milieu des herbes.

Le léopard

La panthère des neiges

La panthère des neiges est si **discrète** qu'on l'appelle « le fantôme des montagnes ».

Le jaguar

Grimper dans les arbres lui permet de **bien voir** ses proies.

Les grands félins ont une excellente **vue** et ils se déplacent **sans bruit**. Ils chassent souvent la nuit, car ils peuvent épier leurs proies sans être vus.

Les grands félins adorent s'étirer, surtout après avoir dormi.

La panthère noire

Les chats

Noirs ou blancs, tachetés ou tigrés... Il existe toutes sortes de chats ! Ces animaux adorables font de très bons **compagnons**, parce qu'ils sont doux, câlins et joueurs.

Le bengal

Le tabby

Le chat a une **ouïe** très fine et une excellente **vue**. Il voit très bien dans la pénombre.

Le bombay

Le siamois

Le persan

Le british shorthair

Les chats **ronronnent** quand ils sont heureux, mais aussi quand ils ont peur ou mal, pour se rassurer. **Miaou !**

Les chiens

Le labrador

Le chien de berger

Le teckel

Qu'ils soient petits ou grands, les chiens aiment tous les **promenades**, les friandises, les jouets et les caresses.

La plupart des chiens font de merveilleux compagnons, parce qu'ils sont gentils et aiment les câlins. Ce sont des animaux très **fidèles**.

Le colley

Le dalmatien

Le lévrier est le chien le plus **rapide** au monde.

Le lévrier

Ces animaux intelligents communiquent entre eux en **aboyant. Ouaf !**

Le loup

Le loup vit au sein d'un groupe appelé « meute ». Il **hurle** pour communiquer avec les autres loups. Ces cris étranges, un peu inquiétants, peuvent s'entendre de très loin.

Le renard

Le renard chasse la nuit. Il a une **ouïe exceptionnelle**, une vue perçante et un odorat très fin.

Le dingo

Le dingo est un animal proche du chien, qui vit en Australie. Il court très vite, **saute très haut** et sait très bien creuser la terre.

Sa fourrure épaisse et imperméable lui tient bien chaud.

La loutre de mer plonge sous l'eau pour trouver de quoi manger.

La loutre de mer

Cette nageuse à fourrure vit dans l'océan. Elle adore se laisser **flotter** sur le dos pour profiter du soleil. Elle utilise parfois un caillou pour **briser** une coquille et manger le coquillage à l'intérieur.

La loutre de mer aime se régaler d'un oursin.

Le blaireau

Le blaireau creuse de véritables galeries pour construire son **terrier**, qu'il tapisse ensuite d'herbes pour le rendre plus confortable.

Le blaireau ne voit pas très bien : pour se repérer, il se sert de son **ouïe** fine et de son excellent **odorat**.

Snif, snif !

Prudence !
Le putois peut projeter un **liquide** qui sent très mauvais.

Le putois

Le putois mange tout et **n'importe quoi**. Il n'hésite pas à fouiller les poubelles si besoin !

Sous sa peau, se trouve une couche de graisse qu'on appelle « **lard** ». C'est elle qui le protège du froid.

Le morse

La vie n'est pas facile pour le morse ! Il doit plonger dans l'eau glacée pour chercher à manger, puis se hisser péniblement sur la banquise en s'aidant de ses **nageoires** et de ses **défenses**.

Le phoque

Le phoque plonge dans les profondeurs de l'eau glacée à la recherche de poissons. Par chance, il est capable de **retenir sa respiration** pendant une demi-heure !

Quand il ne nage pas, il adore s'allonger sur les rochers et profiter de la chaleur du soleil.

Ses **moustaches** l'aident à sentir ce qui se trouve autour de lui.

L'ours brun

L'ours brun passe tout l'hiver à dormir, confortablement installé dans sa tanière. On dit qu'il **hiverne**. Quand il se réveille, il se régale de plantes et de poissons.

L'ours brun utilise ses griffes pour creuser sa tanière.

Grâce à sa fourrure blanche, il devient presque invisible dans la neige.

Ses **griffes** lui servent à la fois à ne pas glisser sur la glace et à chasser les phoques.

Un bébé ours s'appelle un « **ourson** ».

L'ours polaire

Cette énorme bête vit tout au nord de notre planète, dans une région **glaciale** qu'on appelle l'« Arctique ». Sous son éblouissante fourrure blanche, sa peau est noire.

Le panda géant

Le panda géant adore le **bambou**. Alors bien sûr, il vit dans les forêts de bambou ! Cet **ours** trapu passe presque toutes ses journées à manger.

Le panda roux vit en altitude dans les forêts de montagne.

Le panda roux

Le panda roux passe la plupart de son temps dans les arbres. Sa longue queue rayée lui permet de garder son **équilibre** quand il saute de branche en branche.

Le rhinocéros

Le rhinocéros, ou rhino de son petit nom, vit dans des régions très chaudes. Pour se rafraîchir, il prend des **bains de boue**. Celle-ci protège sa peau des rayons brûlants du soleil.

Le rhinocéros est massif et puissant, il vaut mieux éviter de le mettre en colère ! Quand il se bat, sa **corne** devient une arme redoutable.

Le rhinocéros est le deuxième plus grand des animaux terrestres.

Le rhinocéros ne mange que de l'**herbe** et des **plantes**.

Le cheval

Le cheval est un animal puissant qui peut courir très vite. Il a une **crinière**, une longue **queue** et de solides **sabots** à ses pieds.

La **crinière** pousse sur son encolure.

Sabots

Les petits chevaux, comme celui-ci, s'appellent des « **poneys** ».

Le poney Shetland

Le cheval fouette l'air avec sa **queue** pour chasser les insectes.

Le cheval peut aller au **pas**, au **trot**, ou au **galop**.

Le cheval

Le zèbre

Au premier regard, les zèbres ont l'air identiques. En réalité, ils sont tous différents : leurs **bandes** noires et blanches forment un dessin unique.

Le zèbre broute et joue sous le soleil brûlant de l'Afrique.

Le yack

Le yack vit en altitude dans les montagnes les plus froides de la planète. L'oxygène y est rare, aussi a-t-il de grands **poumons** pour pouvoir respirer. Il doit parcourir de longues distances pour trouver de l'herbe.

Le yack utilise ses cornes pour soulever la neige à la recherche de nourriture.

Le cerf

Les cornes du cerf s'appellent des « **bois** ». Ils tombent en hiver et repoussent chaque printemps.

L'élan

L'élan, puissant et couvert d'une épaisse fourrure, est le plus **grand** des cerfs... ce qui ne l'empêche pas de savoir nager !

Le buffle

Un troupeau de buffles peut compter plusieurs **milliers** de bêtes. Être si nombreux leur permet de tenir tête aux prédateurs !

Les cornes du buffle poussent depuis le milieu de son front.

La vache

La vache est un animal robuste et **paisible**. Elle vit souvent en troupeau et passe la plupart de son temps à brouter de l'herbe.

L'estomac de la vache est divisé en **quatre** parties qui l'aident à digérer l'herbe.

Le mouton

Ces boules de laine broutent souvent l'herbe des prés ! Comme les vaches, il vit en **troupeau**.

Le dromadaire

Dans sa **bosse**, il stocke assez de graisse pour tenir de longues semaines.

Deux rangées de **cils** protègent ses yeux du sable et de la poussière.

Un dromadaire est capable de boire une **baignoire** entière sans reprendre son souffle !

Le dromadaire vit dans les **déserts** chauds et arides, mais heureusement, il peut se passer d'eau pendant longtemps. Ses longues pattes noueuses sont très musclées.

Sa langue
bleu foncé
est **collante**.

La girafe

La girafe est **le plus haut** de tous les animaux. Certaines peuvent même dépasser une maison ! Elle vit en Afrique.

Ces pointes osseuses s'appellent des « **ossicônes** ».

La girafe possède **trois cœurs**.

Pelage jaune parsemé de grosses taches marron

Son **long** cou lui permet d'attraper les délicieuses feuilles situées tout en haut des arbres.

L'alpaga

Le pelage de l'alpaga fournit une laine chaude et douce, idéale pour les pulls.

L'alpaga, la vigogne et le lama vivent tous les trois dans les montagnes d'**Amérique du Sud**.

L'alpaga est un animal domestique qui vit en **troupeau** dans des fermes. Sa silhouette ronde donne envie de le câliner, mais prudence ! Il peut donner de grands coups de sabot !

La vigogne

La vigogne vit en liberté dans les hautes montagnes. Elle **court très vite**, et son pelage est fin et doux.

Le lama

Le lama est **costaud** et sait trouver son équilibre dans les pentes les plus raides. Dans sa région natale, en Amérique du Sud, il est souvent utilisé pour porter de lourdes charges.

Les baleines

Ces créatures puissantes sont d'incroyables **plongeuses**. Certaines sont capables de retenir leur respiration pendant une heure entière !

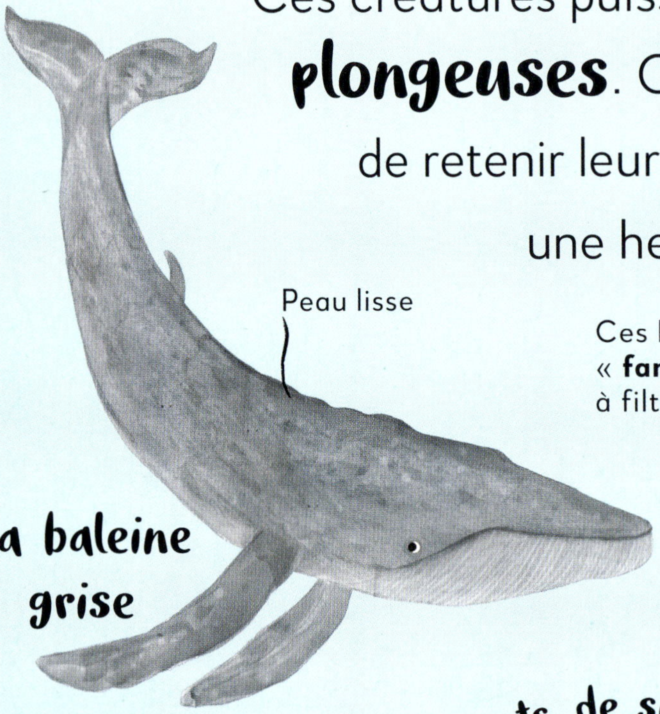

La baleine grise

La baleine bleue

Les baleines parlent à l'aide de claquements, de sifflements et d'appels sonores.

La baleine à bosse

Le petit rorqual

Ventre blanc

Elle se propulse dans l'eau en donnant de grands coups de queue.

La baleine vit en groupe, ou encore en banc.

La baleine bleue est **le plus grand** de tous les animaux. Elle est aussi longue qu'un avion !

La baleine vient respirer à la surface grâce à un **évent** situé sur sa tête.

Sa **nageoire dorsale** (sur son dos) l'aide à garder son équilibre.

Petits yeux perçants

Le grand cachalot

Les dauphins

Les dauphins sont des animaux intelligents et joueurs. Ils se déplacent en **banc**, communiquent avec les autres dauphins à l'aide de claquements et de sifflements, et adorent sauter hors de l'eau.

L'orque est **le plus grand** des dauphins. Elle peut peser plus lourd que trois voitures !

Le narval

Le narval vit dans des eaux très froides, au milieu des glaces. La longue lance qui se dresse sur sa tête s'appelle une « **défense** » : c'est une sorte de dent.

L'hippopotame

Le gros hippopotame passe l'essentiel de son temps à patauger dans l'eau, ce qui lui permet de rester au frais malgré l'intense **chaleur** qui règne dans les prairies d'Afrique où il vit.

L'hippopotame peut se montrer très **agressif** quand il s'agit de défendre sa famille. Il se sert de ses dents pour mordre.

Les chauves-souris

Les chauves-souris sont les seuls mammifères capables de **voler**. Elles sortent la nuit pour chercher de quoi manger.

C'est parmi les **roussettes** qu'on trouve les plus grandes chauves-souris du monde. Elles se nourrissent de fruits, de nectar ou de pollen.

Un grand nombre de chauves-souris utilisent le son pour chasser. On appelle ça l'« écholocalisation ».

Le murin de Daubenton

Il existe une autre famille, qu'on appelle les « **petites chauves-souris** », qui se nourrit essentiellement d'insectes.

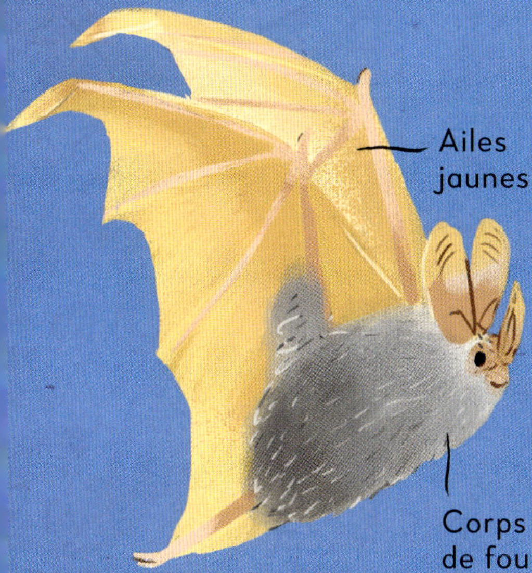

La chauve-souris aux ailes d'or

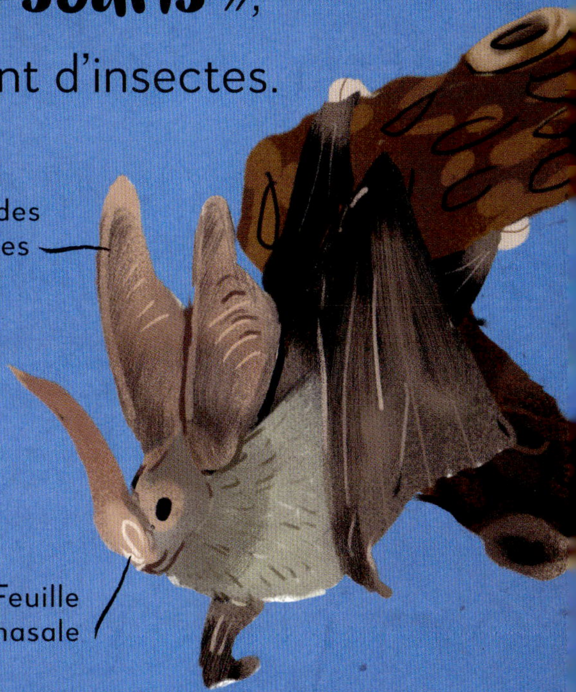

Le lonchorhina

Le hérisson

Le hérisson est un petit animal couvert de poils piquants. Il **dort** le jour et sort la nuit pour trouver sa nourriture.

Le hérisson se nourrit de **baies**, mais il aime aussi les scarabées et les chenilles.

La taupe

La taupe est très douée pour **creuser** ! Ses pattes de devant, très puissantes, lui servent de bêches. Elle creuse de longs tunnels et construit sa maison sous terre.

Le lapin

Le lapin vit dans une maison **souterraine**, qu'on appelle un « terrier ». Quand il en sort, on le voit bondir de-ci de-là, tout en grignotant l'herbe au passage...

Certains lapins, doux et câlins, font d'excellents **animaux de compagnie**.

Les dents et les griffes des lapins ne s'arrêtent jamais de pousser.

Les lièvres

Tout comme le lapin, le lièvre a une excellente **ouïe**.

Le lièvre variable

Ses grands pieds l'aident à rester stable sur la neige et la glace.

Pour échapper à leurs prédateurs, les lièvres ont un atout de taille : ils courent extrêmement **vite**.

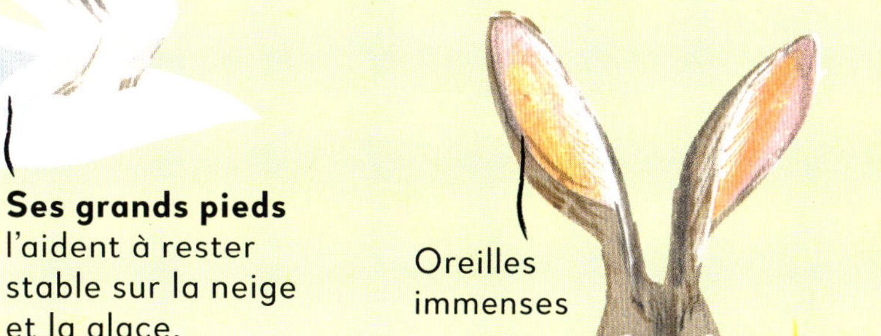

Oreilles immenses

Le lièvre de Californie

Le lièvre est **plus grand** que le lapin.

Leurs pattes arrière longues et puissantes leur permettent de **bondir** rapidement.

Les rongeurs

On trouve des rongeurs dans presque toutes les régions du globe. Ils grignotent leur nourriture grâce à leurs **dents** pointues et tranchantes, qui ne s'arrêtent jamais de pousser !

Le cabiai est le plus **grand** des rongeurs. Il est très affectueux.

Le cabiai ou capybara

La gerboise naine

C'est le plus **petit** des rongeurs. Elle se déplace en sautant.

La petite souris sait sauter, **grimper** et même **nager**.

La souris

Le castor construit sa maison avec des branches, des rameaux et de la boue.

La queue du castor ressemble un peu à une rame.

Le castor

Certains rongeurs vivent seuls, mais beaucoup d'entre eux vivent en colonie. Ils forment des réseaux de galeries souterraines, qu'on appelle des « **villes** ».

Les cochons d'Inde n'ont pas de **queue**.

Le cochon d'Inde

Pattes très courtes

Le gorille

Le gorille a une épaisse fourrure noire.

Les familles de gorilles vivent ensemble dans les magnifiques forêts d'Afrique.

Le gorille peut éprouver de la **joie** ou de la **tristesse**, exactement comme les humains.

Boum, boum ! Le gorille **se frappe** la poitrine pour montrer comme il est grand et fort, mais c'est un gentil géant ! Il se nourrit principalement de végétaux.

L'orang-outan

L’orang-outan appartient à la famille des grands singes, qui comprend aussi les gorilles... et les êtres humains !

L’orang-outan est un **acrobate**-né. Il se balance d’arbre en arbre avec beaucoup de facilité.

Ce grand singe est très **intelligent**. Il utilise des outils et fabrique des nids impressionnants.

Les singes

Il existe des centaines de singes différents, répartis aux quatre coins du globe. Les singes se déplacent en se **balançant** de branche en branche.

Les couleurs de son visage deviennent plus vives quand il est **excité**.

Oh aah aah!

Une couronne de poils pousse autour de son visage.

Le mandrill

Certains singes préfèrent rester en **hauteur** dans les arbres, mais d'autres descendent gambader sur le sol de la forêt.

Le vervet

Le singe doré

Le singe aime les fruits, mais aussi les feuilles des arbres, les noix et même les insectes. Les jeunes sont très **joueurs** !

Les singes vivent en **groupe**.

Le singe-lion doré

Le paresseux

Le paresseux vit dans les arbres des forêts tropicales. Il se nourrit de rameaux et de feuilles. Il se déplace lentement et passe l'essentiel de ses journées à **dormir**.

Le tatou

Le tatou est couvert de plaques dures osseuses qui forment une véritable **cuirasse** contre les prédateurs.

Le fourmilier

Le fourmilier n'a pas de dents. Pour manger, il plonge son long museau dans une fourmilière ou une termitière, et capture ses proies grâce à sa langue **visqueuse**.

L'éléphant

L'éléphant peut vivre dans des environnements très différents : certains habitent dans les zones humides et les forêts tropicales, d'autres dans la savane et le désert. Mais où qu'ils soient, ils veillent **soigneusement** les uns sur les autres.

La trompe de l'éléphant est un nez très long. Elle lui permet aussi bien de sentir les odeurs que d'attraper des plantes pour les manger. Il s'en sert même de **tuba** quand il nage !

L'éléphant vit et se déplace en troupeau.

Les marsupiaux

La famille des marsupiaux regroupe des animaux très différents. La plupart vivent dans des **déserts** arides, mais certains s'installent dans les régions boisées ou les forêts tropicales.

Le koala

Le wombat

Les bébés marsupiaux grandissent bien au chaud.

Le kangourou

L'opossum porte parfois ses bébés sur son dos.

L'opossum

Grandes oreilles pointues

Le wallaby ressemble au kangourou, mais en plus petit.

Longue queue touffue

Le wallaby

Fourrure parsemée de taches blanches

Le chat marsupial

Petites oreilles rondes

Le quokka fait à peu près la taille d'un chat.

Le quokka

Les mères ont une poche spéciale sur le ventre, appelée « **marsupium** ». C'est là que les bébés se développent et grandissent en attendant le jour où ils pourront explorer le monde.

L'ornithorynque

L'ornithorynque a un bec de canard et une queue de castor. Il plonge sous l'eau pour trouver sa nourriture. C'est l'un des deux seuls mammifères à **pondre des œufs**.

L'échidné

L'échidné pond lui aussi des œufs, mais un seul à la fois. Il en sort un bébé, appelé « **puggle** », qui continue à grandir dans la poche ventrale de sa mère.

Les oiseaux

Tous les oiseaux ont des plumes
et deux ailes, qui leur permettent
la plupart du temps de voler dans le ciel.
Ces créatures incroyables communiquent
entre elles en chantant, en pépiant,
en gazouillant ou en roucoulant.

Les oiseaux chanteurs

Des milliers d'oiseaux poussent des cris mélodieux qui ressemblent à des **chants** : on les appelle les « oiseaux chanteurs ». Ils chantent dès les premières lueurs de l'aube jusqu'au crépuscule.

Certains oiseaux **s'accrochent** aux branches avec leurs griffes, ce qui leur permet de ne pas tomber de leur perchoir lorsqu'ils dorment.

Le diamant de Gould

Cet oiseau peut avoir la tête noire, rouge ou jaune.

Chaque oiseau chanteur a son propre chant.

Le verdin à front d'or

Cet oiseau vert se confond avec le feuillage des arbres.

Pattes griffues

Le merle

Le perroquet

Le perroquet vit dans les pays chauds, sous les tropiques. C'est un oiseau intelligent capable d'imiter les humains au point de donner l'impression qu'il **parle** !

Crroooa !

Le cacatoès émet un cri puissant et strident. Il crie quand il s'ennuie ou quand il veut prévenir ses compagnons d'un danger.

Le cacatoès

Le cacatoès appartient à la famille des perroquets. Il est intelligent, joueur et... très **bruyant** ! Il adore passer du temps avec d'autres cacatoès et vit en groupe.

Le toucan

Le toucan, aux plumes si colorées, a un énorme **bec**, qui peut même être plus long que son corps !

Cet oiseau saute d'arbre en arbre, tout en **coassant** gaiement avec ses amis.

Le pic-vert

Le pic-vert utilise son bec pour **creuser** des trous dans le tronc des arbres.

Cela lui permet de construire son **nid** et de trouver des insectes à manger.

Les hiboux

La plupart des hiboux sont des rapaces **nocturnes**, ce qui signifie qu'ils dorment le jour et vivent la nuit.

Le harfang des neiges

Le hibou peut voler **sans bruit** grâce à ses plumes très douces.

La chouette effraie

Le grand-duc d'Amérique

Les grands-ducs sont les plus grands des hiboux.

Le grand-duc

La chevêchette des saguaros

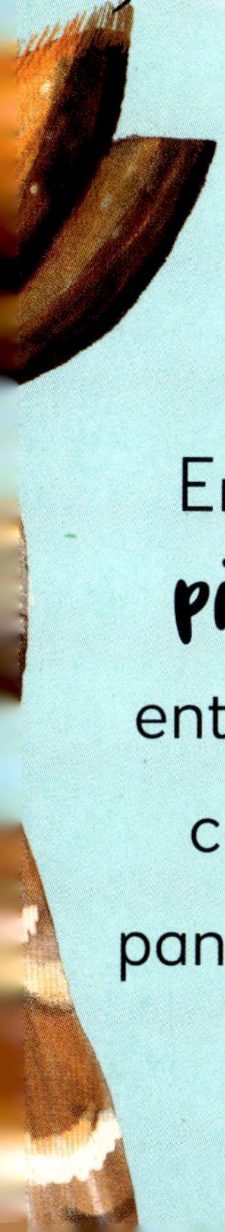

Le hibou ne peut pas bouger les yeux. En revanche, il peut faire **pivoter** sa tête presque entièrement sur elle-même, ce qui lui donne une vue panoramique extraordinaire !

Les manchots

La plupart des manchots vivent en Antarctique, au milieu des glaces. Ils marchent en **se dandinant** ou font des glissades sur le ventre.

Le gorfou doré

Le manchot empereur est le **plus grand** des manchots.

Les **poussins** manchots sont couverts d'un duvet très fin.

Le manchot empereur

Ligne noire sous le menton

Le manchot à jugulaire

Tache blanche triangulaire

Le manchot papou

Les manchots ont des ailes plates qui ressemblent à des **nageoires**. Ils s'en servent pour nager et plonger pour chercher leur nourriture préférée : les poissons !

Il existe dix-huit sortes différentes de manchots.

Long bec effilé, idéal pour attraper les poissons

Le manchot royal

Cercle blanc autour des yeux

Le manchot Adélie

Le flamant rose

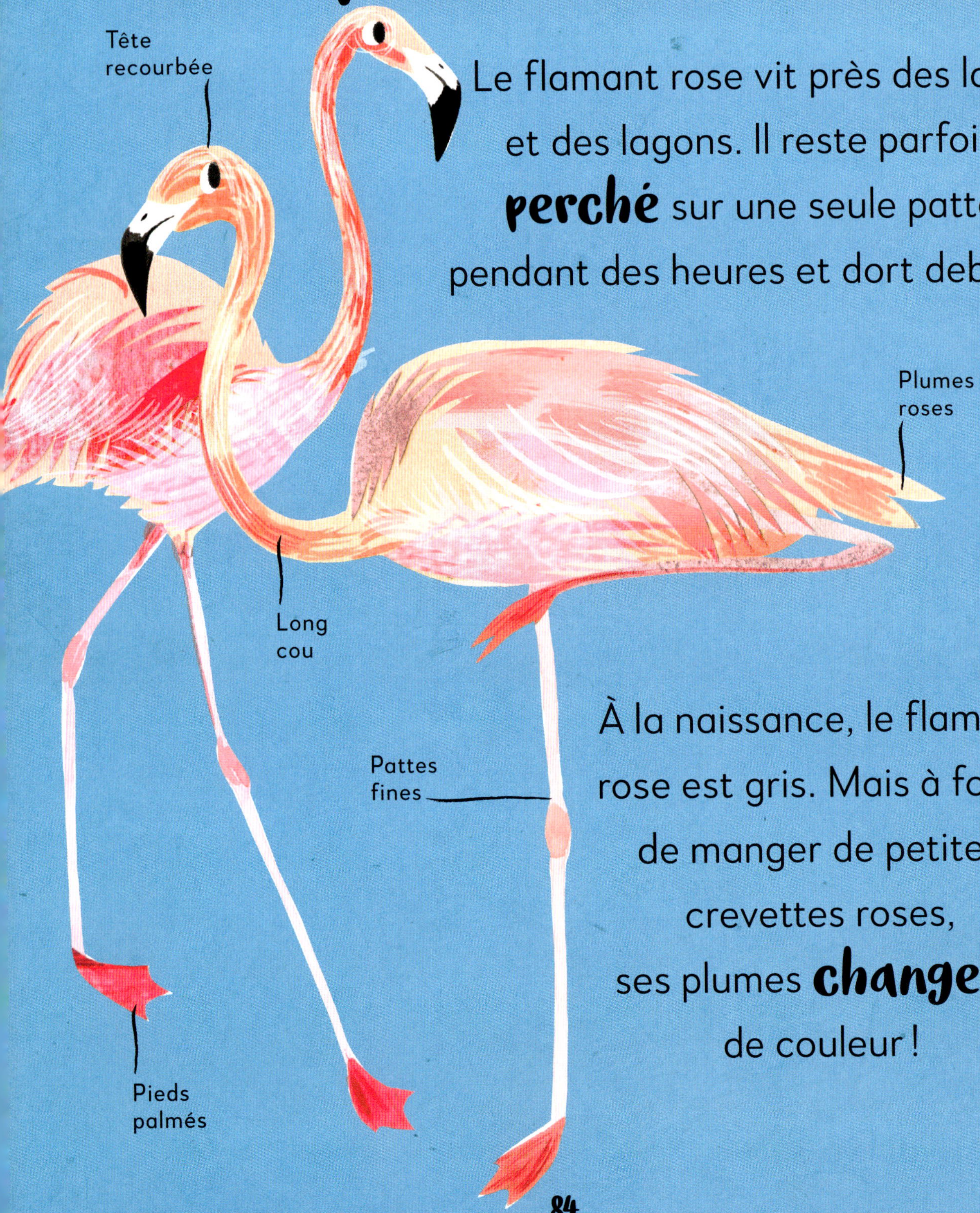

Le flamant rose vit près des lacs et des lagons. Il reste parfois **perché** sur une seule patte pendant des heures et dort debout.

À la naissance, le flamant rose est gris. Mais à force de manger de petites crevettes roses, ses plumes **changent** de couleur !

Les oiseaux aquatiques

Les oiseaux aquatiques passent l'essentiel de leurs journées à **glisser** sur l'eau des mares ou à se reposer sur la rive. Ils se nourrissent de plantes, de poissons, d'insectes et de vers de terre.

Ils nagent en **pédalant** sous l'eau avec leurs pattes.

Le paon bleu

La femelle du paon s'appelle la « **paonne** » (on prononce « panne »). Si les paons bleus peuvent avoir jusqu'à deux cents plumes colorées, la paonne est presque entièrement marron.

La poule

Cot, cot, codette ! La plupart des poules vivent dans des fermes. On peut les voir trottiner ou becqueter le sol pour manger des graines ou des insectes.

Les mâles s'appellent des « **coqs** ». Ils chantent très fort tous les matins.

La poule pond des **œufs**, dont sortent de petits **poussins**.

La poule a des **ailes**, mais elle ne peut pas vraiment voler.

Le kiwi

Le kiwi a des ailes si petites qu'il ne peut pas **voler**. Elles disparaissent entièrement sous ses plumes.

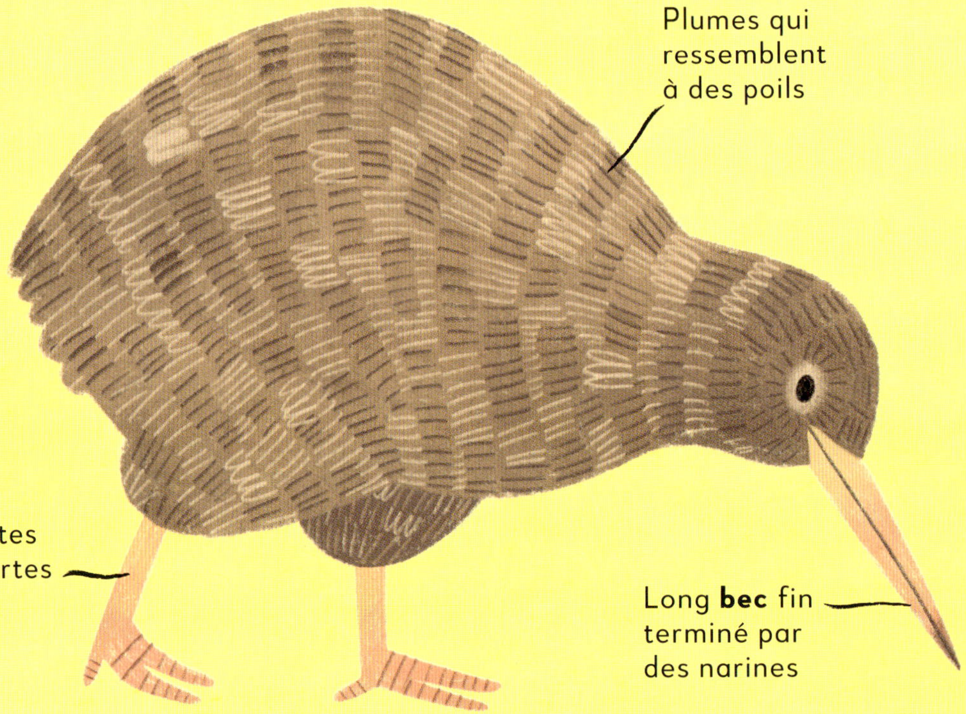

Le kiwi se promène en **reniflant** le sol. Grâce à son odorat développé, il sait repérer les vers de terre qui se tortillent dans le sol.

L'autruche

L'autruche vit dans les pays chauds, dans le désert ou la savane. C'est le plus gros de tous les oiseaux. Elle ne peut pas voler, mais elle **court** très vite !

Les reptiles

Les reptiles rampent, ondulent ou nagent. Un grand nombre de ces animaux au sang froid ont une peau de couleur vive, couverte d'écailles.

Le crocodile

Ce prédateur féroce est le plus grand des reptiles. Il peut être plus long que trois humains mis bout à bout !

Le caïman

Le caïman vit dans les rivières, les mangroves, les marécages, les lacs et les marais. Sa mâchoire puissante est dotée d'une rangée de dents de **forme conique**.

Le caïman ne peut pas mâcher. Il **avale** ses proies tout entières.

L'alligator

L'alligator ne vit que dans **l'eau douce** : les rivières ou les eaux marécageuses.

Les lézards

Le lézard a plus d'un tour dans son sac ! Certains peuvent changer de couleur, d'autres abandonnent leur **queue** dans la gueule de leur prédateur.

Les iguanes

Les iguanes appartiennent à la famille des lézards. Ils raffolent des insectes. Quand ils nagent sous l'eau, certains iguanes sont capables de retenir leur **respiration** pendant une demi-heure !

Les caméléons

Les caméléons sont des lézards aux couleurs vives. La plupart d'entre eux sont capables de **changer** de **couleur** pour se fondre dans leur environnement ou encore pour montrer leurs émotions.

Si un caméléon est bleu ou vert, c'est qu'il est heureux !

Certains caméléons ont des **cornes** pour se défendre.

Le caméléon de Jackson

Le caméléon nain

C'est le **plus petit** des caméléons.

Le caméléon panthère

Ses **griffes** peuvent s'accrocher solidement aux branches.

Sa longue queue souple l'aide à trouver son **équilibre**.

Il existe plus de cent cinquante espèces de caméléons. Ces reptiles qui adorent grimper aux arbres vivent dans les zones chaudes du globe, comme l'Afrique, et se nourrissent d'**insectes**.

Le caméléon de Meller

Ses **épines** protègent son dos.

La couleuvre tachetée du Honduras

Le mamba vert

Les serpents

Le serpent peut ramper à peu près **n'importe où**. Certains vivent même dans l'eau ! La plupart ont des dents pointues et une morsure venimeuse.

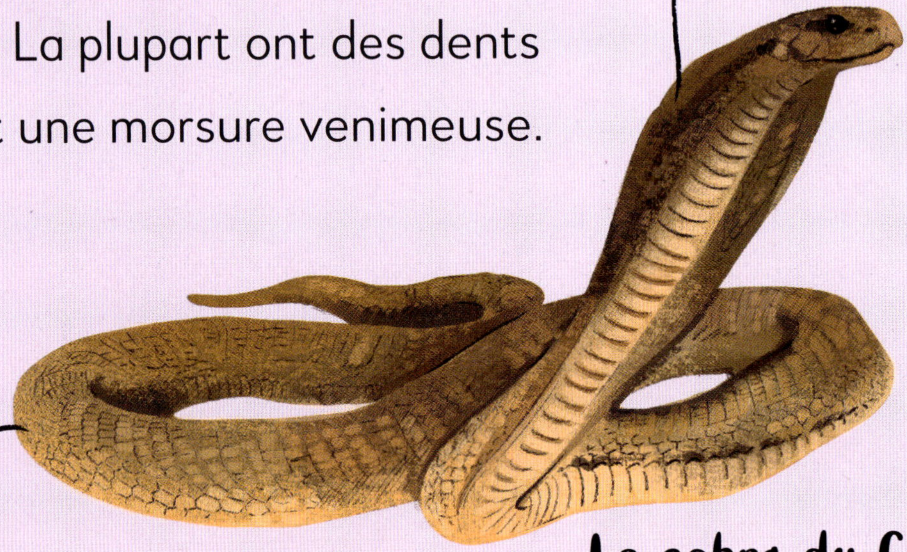

Le cobra du Cap

Le boa constricteur peut s'enrouler autour de sa proie et **l'étouffer**.

Le boa à queue rouge

Le crotale des bois

Le serpent **mue** plusieurs fois par an : il se débarrasse de sa peau et une peau toute neuve repousse à la place.

Les serpents émettent un sifflement quand ils respirent.

Le crotale cornu

La tortue marine

La tortue marine passe la plupart de son temps dans l'eau et retient son **souffle** quand elle plonge. Quand elle dort, elle peut rester sous l'eau pendant sept heures d'affilée !

La tortue terrestre

La tortue vit sur la terre ferme. Elle peut rentrer sa tête et ses pattes sous son épaisse **carapace**, qui la protège des prédateurs.

Les amphibiens

Les amphibiens ont ceci d'étonnant qu'une fois adulte, ils sont aussi à l'aise sur terre que dans l'eau. Ils pondent des œufs. La plupart ont des couleurs très vives.

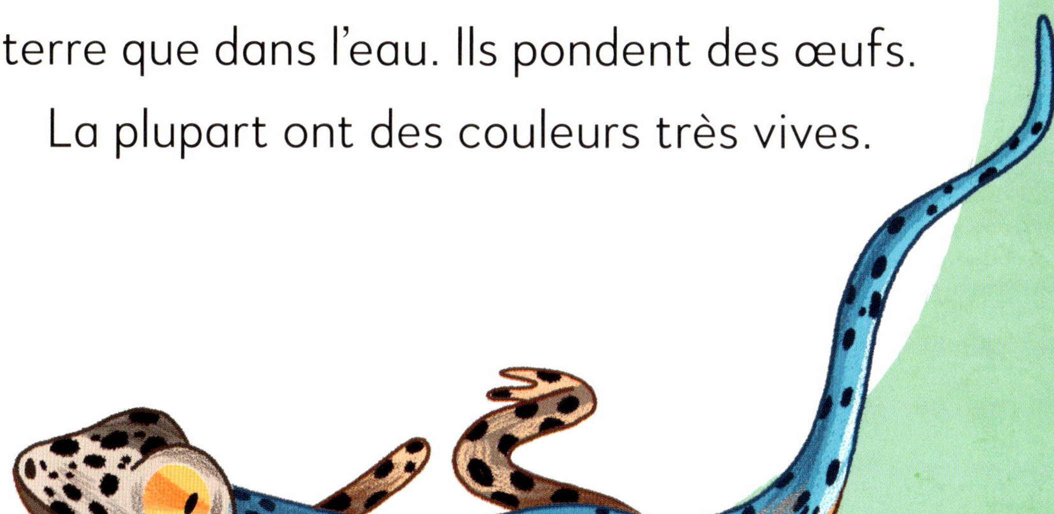

Le crapaud

D'un **coup de langue** ultrarapide, le crapaud gobe des mouches, des escargots ou encore des limaces. Il se plaît dans les milieux humides et **marche** jusqu'à une mare ou un marécage pour y pondre ses œufs.

Une grenouille **coasse** pour indiquer aux autres où elle se trouve.

Les grenouilles

Avec leurs longues pattes arrière, les grenouilles peuvent aussi bien nager que **sauter**. Elles déposent leurs minuscules œufs dans l'eau. Il en sort des bébés appelés « **têtards** ».

La salamandre

La salamandre aime les milieux frais et humides. Elle construit sa maison sous des branches, des pierres ou des feuilles. Ces créatures **glissantes** se déplacent à quatre pattes à la recherche de nourriture.

Le triton

Les tritons sont de petits amphibiens gluants qui adorent nager. Certains respirent **sous l'eau**, mais pas tous.

La **peau** du triton peut être lisse et humide ou sèche et granuleuse. Il aime vivre dans les mares.

Les poissons

Les poissons vivent dans l’eau et
respirent grâce à leurs branchies.
La plupart ont des écailles, un corps lisse,
une queue souple et des nageoires.

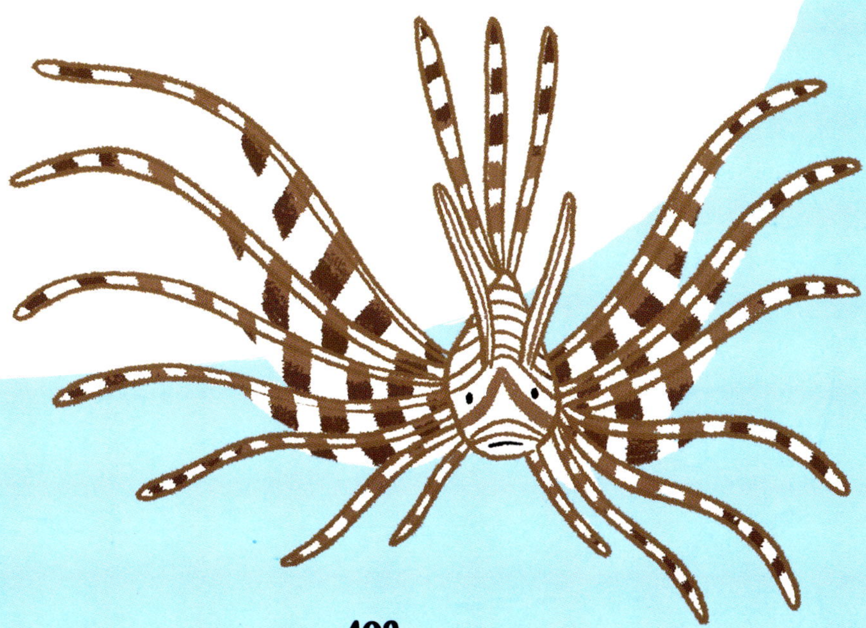

Le poisson-zèbre vit en général dans les mares et les lacs.

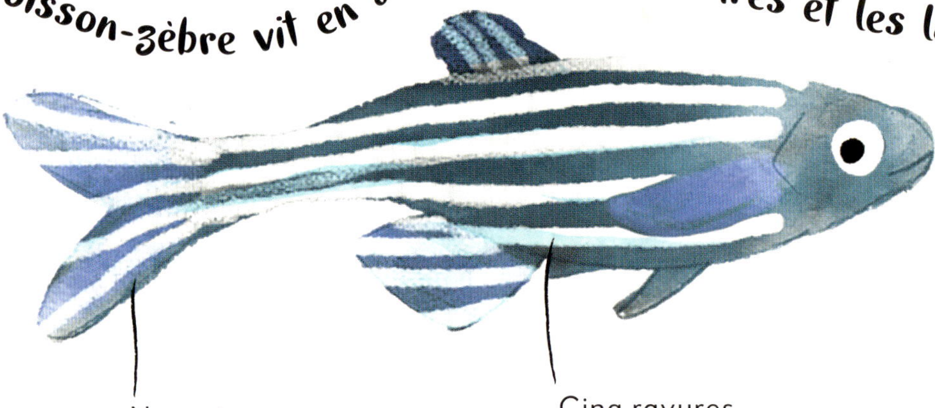

Le poisson-zèbre

Ce poisson doit son nom aux **zébrures** qui ornent les écailles de son corps. S'il est blessé, il est capable de faire repousser sa peau, ses nageoires, son cœur et même son cerveau !

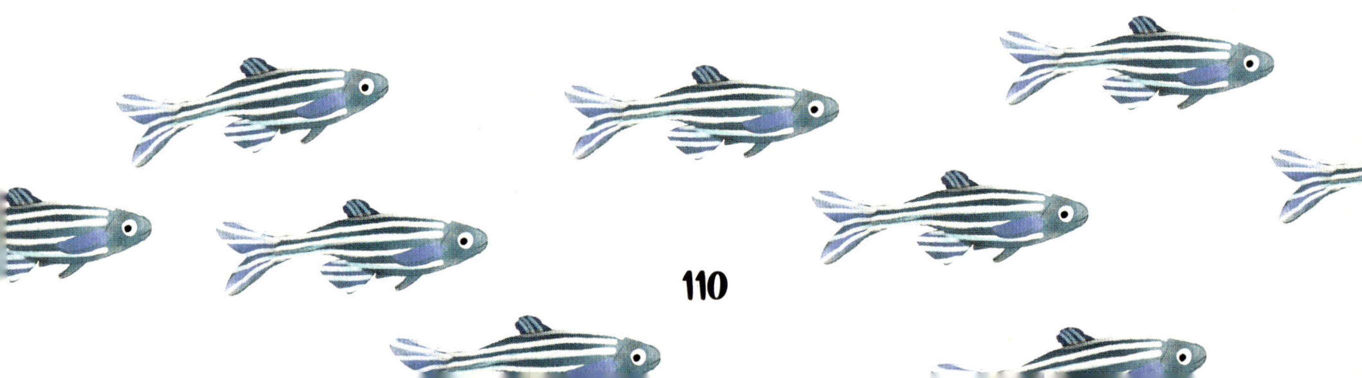

La rascasse

La rascasse vit dans les eaux chaudes. Les **épines** de son dos contiennent un **poison** très puissant, qui la protège des prédateurs. La rascasse est un animal nocturne, ce qui veut dire qu'elle vit la nuit.

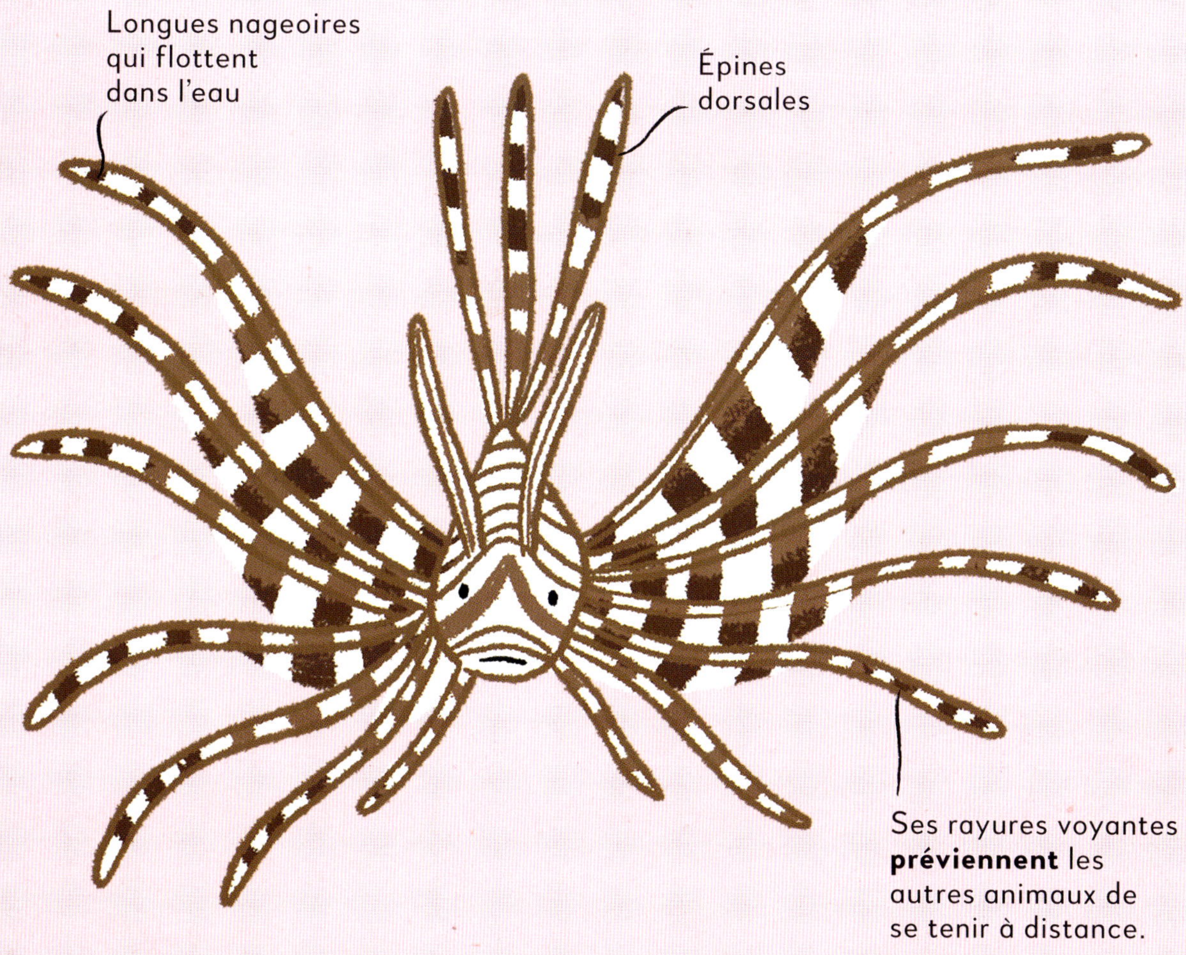

L'hippocampe

L'hippocampe vit dans les eaux peu profondes, en bord de mer. Il nage en position **verticale** et se propulse grâce à sa nageoire dorsale.

Pour ne pas dériver au gré du courant, il **enroule** sa queue autour d'un corail ou d'une algue.

L'hippocampe a une particularité rare : contrairement aux autres animaux, c'est le **père** qui porte les œufs dans sa poche ventrale.

L'hippocampe peut bouger les yeux de façon indépendante et regarder à **deux endroits** différents en même temps !

Son long nez en forme de trompe aspire les petits poissons.

Le chardonneret d'eau vit au sein de larges groupes, appelés « bancs ».

Le chardonneret d'eau

Le chardonneret d'eau est presque transparent, ce qui lui vaut le surnom de « poisson de verre ». À travers ses écailles **argentées**, on peut discerner sa colonne vertébrale et ses arêtes.

Le piranha

Le piranha vit dans les rivières et les ruisseaux. Ses dents aussi **tranchantes** que des rasoirs lui permettent de se régaler d'insectes, de petits poissons, de vers de terre et de végétaux.

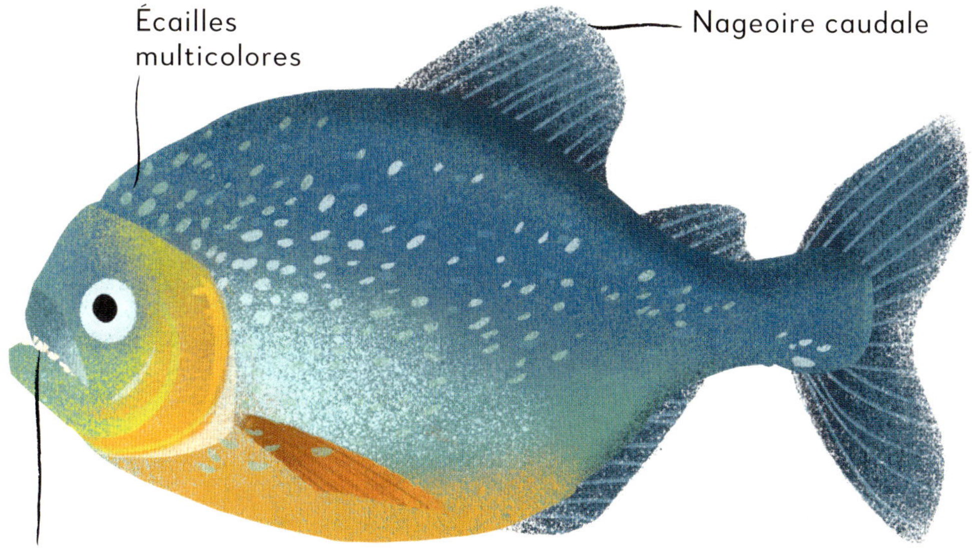

Les dents des piranhas se renouvellent plusieurs fois au cours de leur vie.

La raie

Cette créature plate, en forme de disque, utilise ses nageoires pour glisser dans l'eau. Sa queue dispose de six épines **venimeuses** qui peuvent être mortelles pour les humains.

La raie vit au sein de bancs de plusieurs dizaines d'individus.

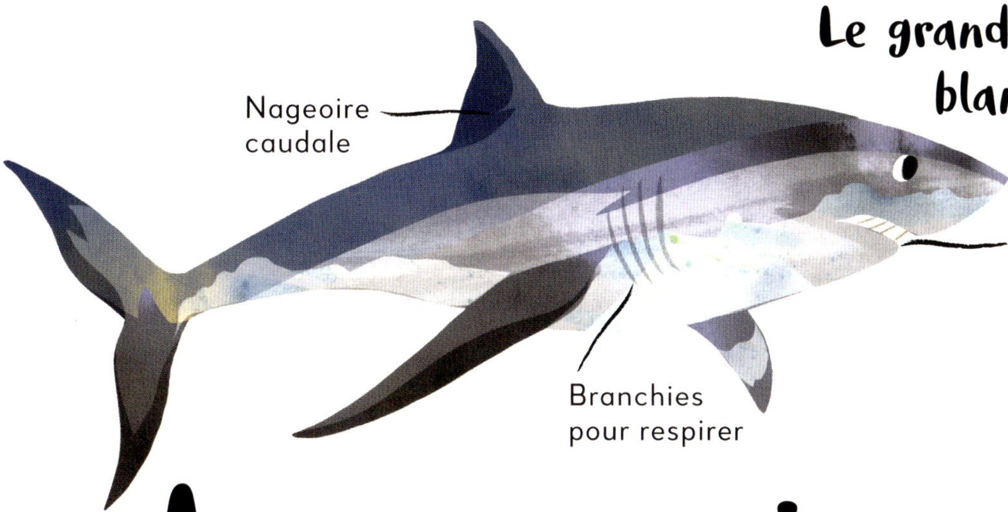

Les requins

On trouve des centaines de requins différents dans les océans du monde entier. La plupart ont des dents acérées dont ils se servent pour **attaquer** d'autres poissons. Leur corps lisse et leurs nageoires puissantes en font des nageurs très rapides.

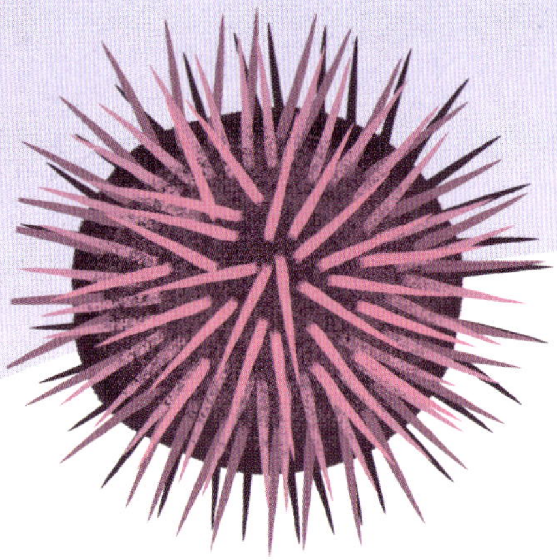

Les invertébrés

Les invertébrés n’ont pas d’os.
Certains sont spongieux, comme
les limaces. D’autres sont hérissés d’épines
ou ont une carapace très solide.
Ils peuvent réserver bien des surprises…

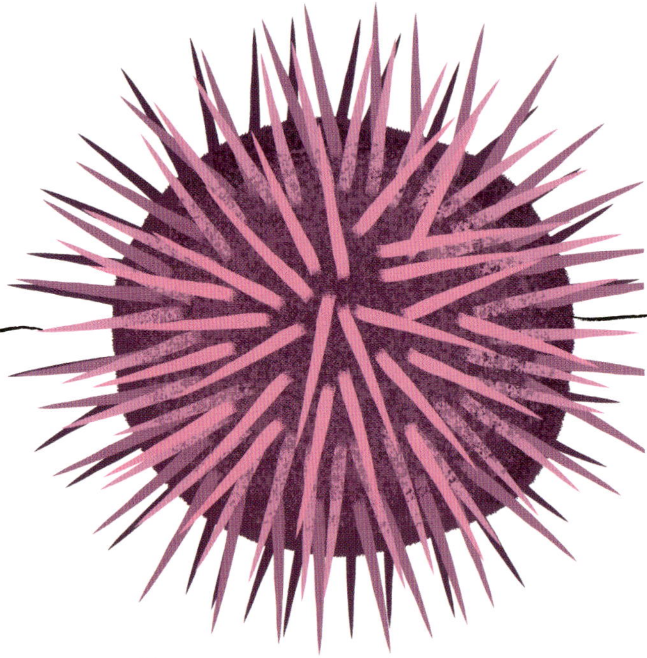

L'oursin

L'oursin ressemble à une boule couverte de piquants. Il se déplace lentement sur le fond marin et mange les algues qu'il trouve sur son chemin. Sous ses piquants pointus, se cache une solide **coquille**.

L'étoile de mer

L'étoile de mer vit sur le **fond marin**. Elle se déplace grâce à ses milliers de pieds minuscules, qui sont situés sous chacun de ses **cinq** bras.

L'étoile de mer et l'ophiure n'ont pas de cerveau.

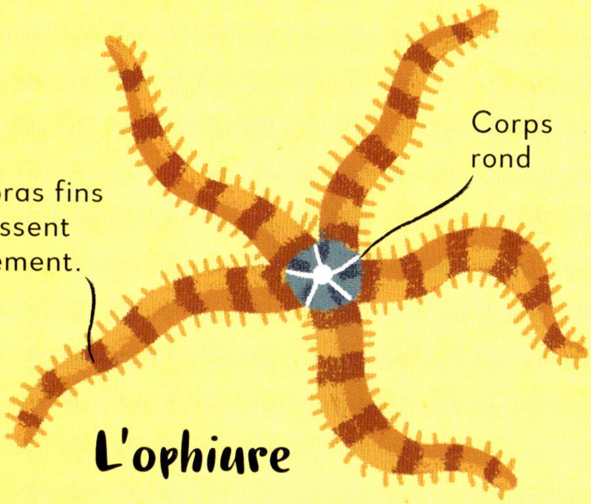

L'ophiure ressemble à l'étoile de mer, mais ses bras sont **plus fins**.

Les insectes volants

Contrairement à ce qu'on pourrait croire, ces petits insectes sont **super costauds**. Il le faut, vu la vitesse à laquelle ils battent des ailes pour se maintenir dans les airs ! C'est ce qui produit le **bourdonnement**.

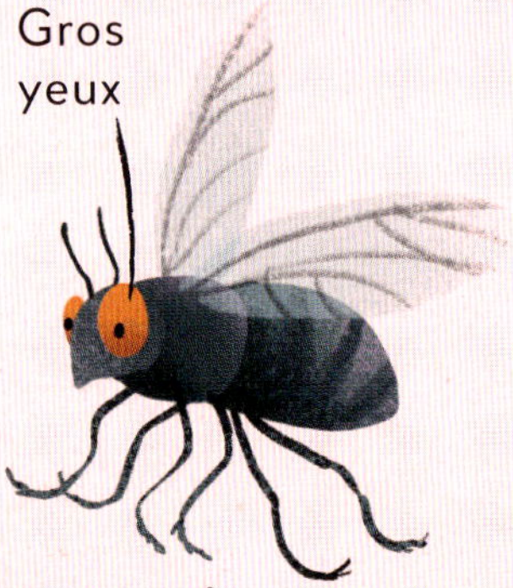

La mouche

La fourmi ailée

Tous les insectes ont six pattes.

Le bourdon

Le bourdon vole de fleur en fleur pour en boire le **nectar**.

Les **antennes** des insectes volants leur permettent d'explorer leur environnement.

La mante religieuse

Le lion des pucerons

La guêpe

Il existe des millions d'espèces d'insectes volants. Certains sont pourvus d'un **dard** venimeux pour se défendre !

Le papillon

Le papillon commence sa vie sous la forme d'une **chenille**. Après avoir grignoté quelques feuilles, celle-ci commence à se transformer. Elle devient d'abord une **chrysalide**, puis un papillon virevoltant.

La chenille

Le papillon aspire le **nectar** sucré au creux des fleurs. Il a de magnifiques ailes colorées et peut voler.

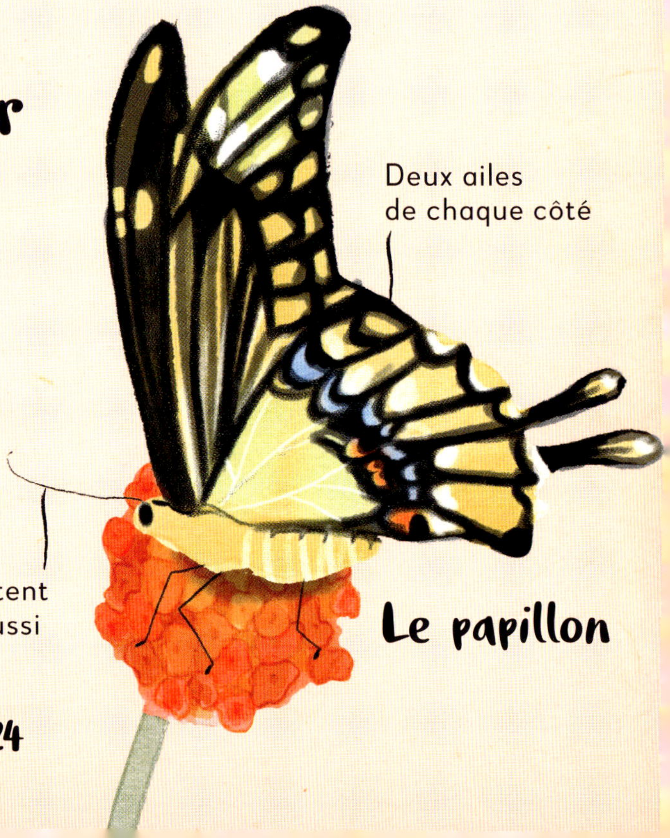

Le papillon

La libellule

La libellule est une véritable acrobate capable d'attraper ses proies en plein vol ! Elle peut plonger ou s'élever à la verticale, ou encore faire du **surplace** comme un hélicoptère.

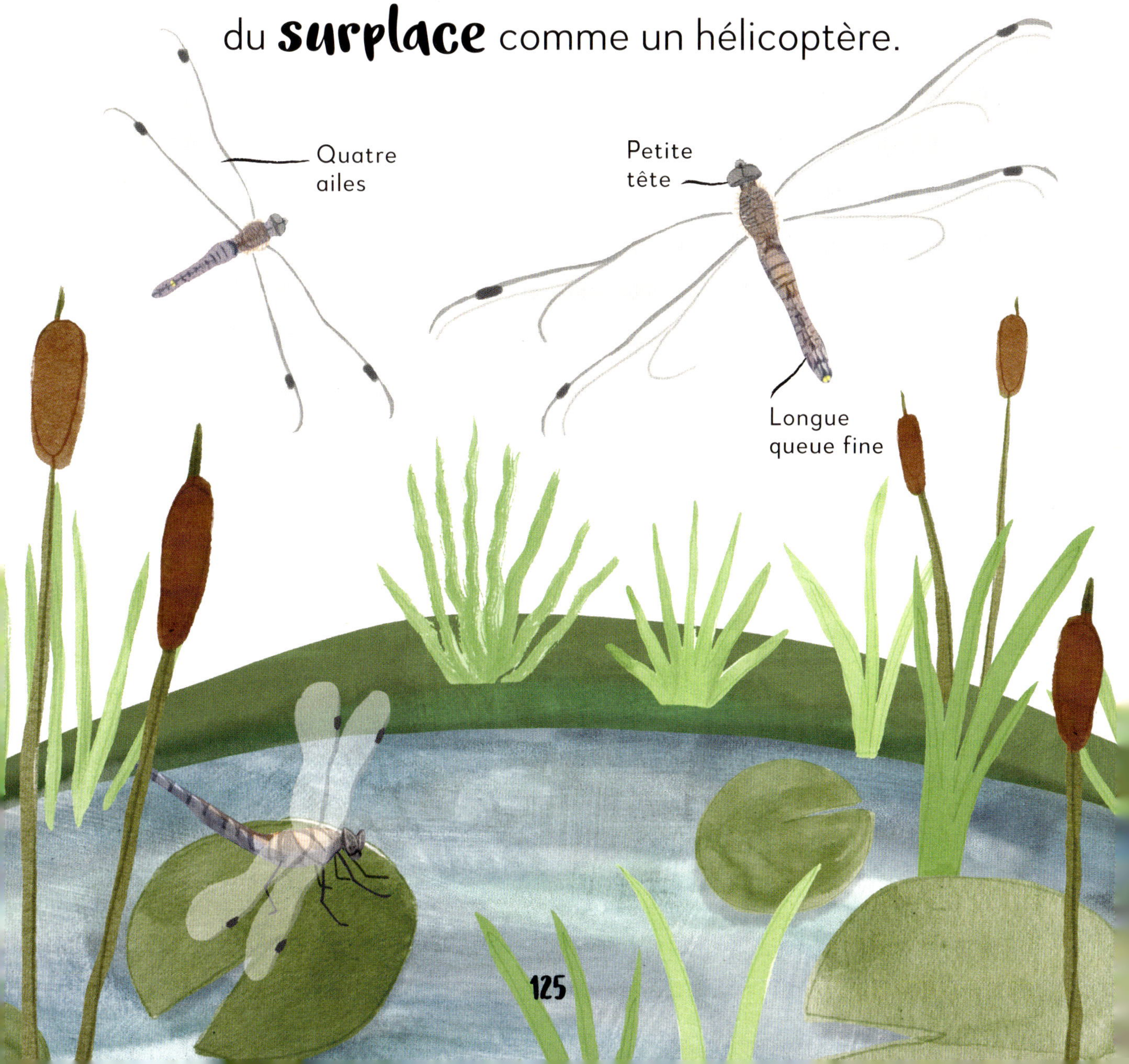

Les scarabées

On trouve des scarabées de toutes les formes et de toutes les couleurs. Ce sont les **nettoyeurs** de la nature, car ils mangent les végétaux et les animaux morts.

La hoplie bleue

Le scarabée girafe de Madagascar

Le scarabée japonais

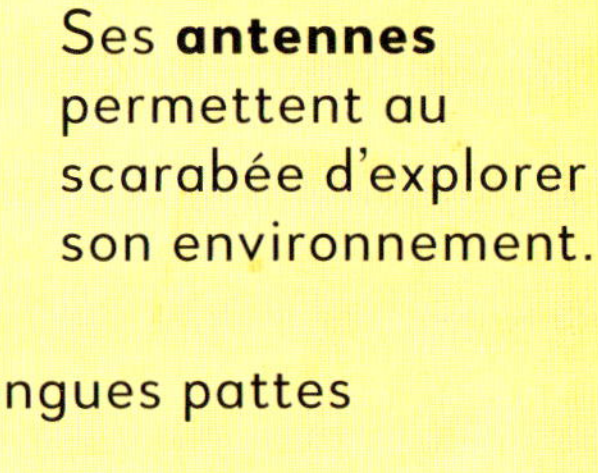

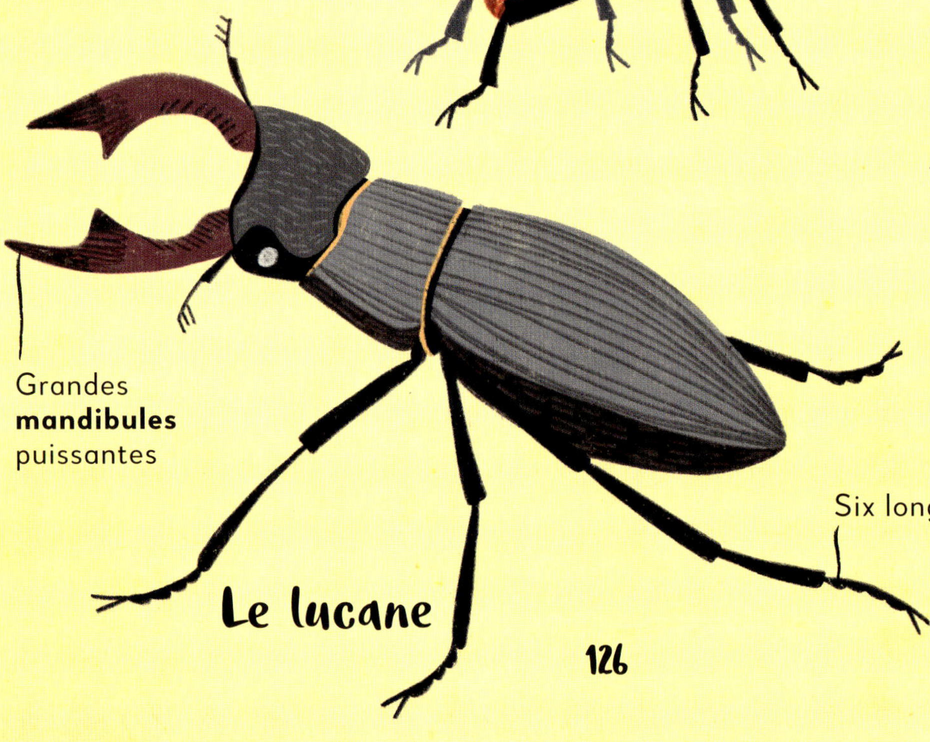

Le lucane

La coccinelle à vingt-deux points

La petite coccinelle orange

Les **points** de la coccinelle servent à éloigner les autres animaux.

Ses ailes sont cachées sous les élytres.

La coccinelle à deux points

Six pattes courtes

La coccinelle à sept points, dite « bête à bon dieu »

Deux petits yeux

La coccinelle à quatorze points

Les coccinelles

La coccinelle fait partie de la famille des scarabées. Il en existe des milliers d'espèces différentes. Certaines n'ont **pas du tout de points**, quand d'autres en sont recouvertes.

Le scorpion

Le scorpion est petit, mais redoutable.
Il est doté de huit pattes et de deux grandes pinces.
Sa queue se termine par un dard **venimeux**.

Son squelette est situé à l'extérieur de son corps : on appelle ça un « **exosquelette** ».

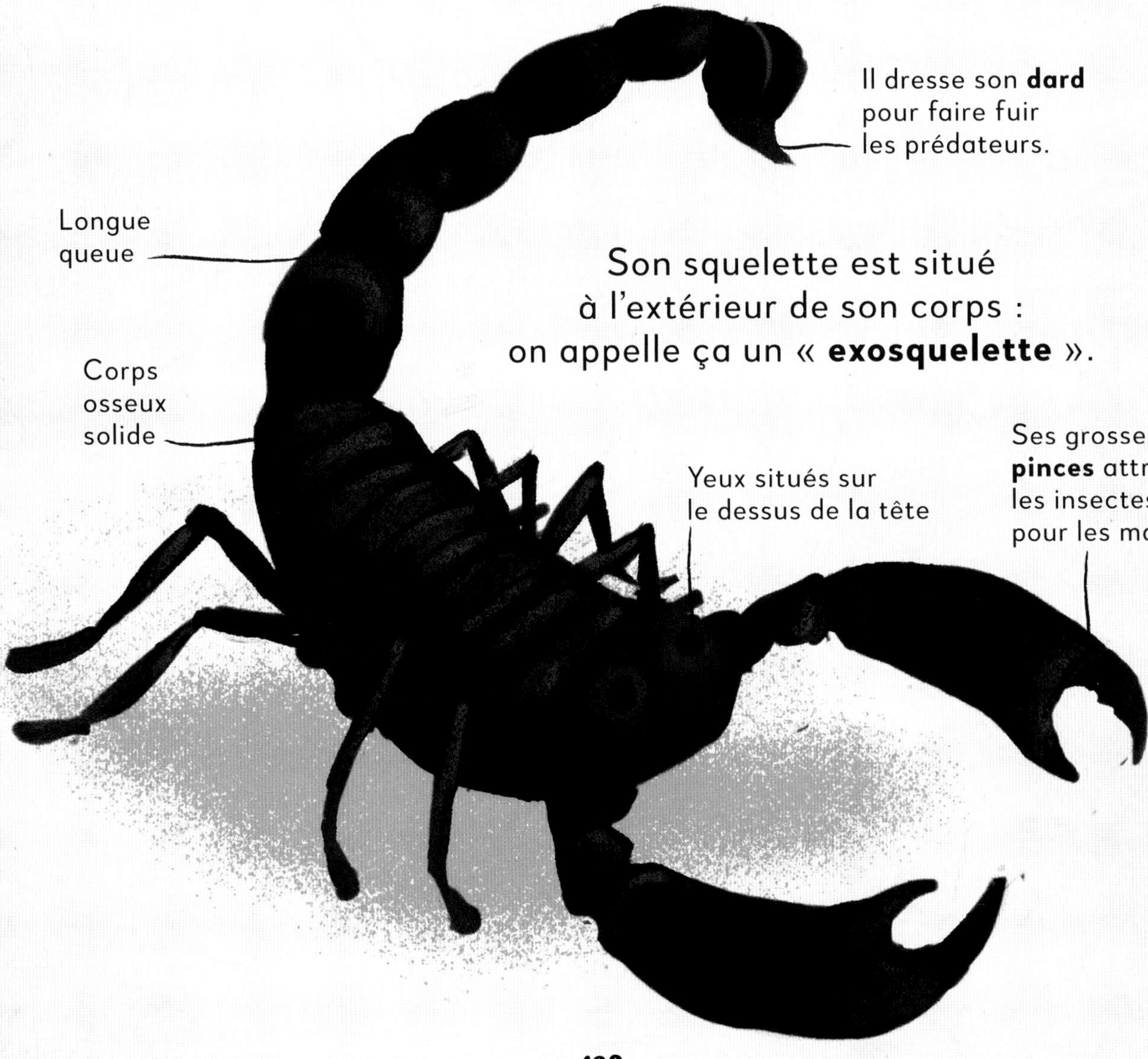

Les araignées

On trouve des araignées de toutes les formes, de toutes les tailles et de toutes les couleurs. En revanche, elles ont toutes huit pattes et la plupart ont aussi huit yeux. Certaines **tissent** des toiles collantes.

L'épeire marbrée

L'araignée-crabe

La mygale mexicaine à genoux orange

Le crabe

Le crabe vit aussi bien sur terre que dans la mer. Sur le sable, il se déplace **de côté** grâce à ses pattes arrière. Ses deux pattes avant se terminent par des pinces qui lui permettent d'attraper sa nourriture.

Le crabe est protégé des prédateurs par sa carapace.

La mante de mer

La mante de mer est une sacrée **boxeuse** !
Si un animal s'approche trop près, elle l'assomme d'un rapide et puissant coup de pattes.

Le krill

Les krills vivent au sein de groupes immenses, appelés des « essaims ». La plupart d'entre eux peuvent produire de la **lumière** avec leur corps pour faire fuir les prédateurs.

La pieuvre

Puissante, la pieuvre nage dans l'eau, propulsée par ses huit bras, ou tentacules. Chacun d'entre eux est équipé de centaines de **ventouses** qui l'aident à se déplacer et à attraper ses proies.

La seiche

Cette créature rusée serait très douée pour jouer à cache-cache. Elle peut prendre la **couleur** des rochers ou du sable pour se fondre sur le fond marin !

Ces invertébrés au corps mou sont tous des mollusques.

Le nautile

Le nautile compte presque cent bras, ou **tentacules**. Il les sort de sa coquille rigide pour attraper de quoi manger.

L'escargot

L'escargot peut rentrer son corps dans sa coquille. Il produit une sorte de bave, appelée « **mucus** », qui lui permet d'avancer plus facilement.

La limace

La limace rampe grâce à son ventre musclé, qu'on appelle « **pied** ». Elle aime les milieux humides.

La moule

La moule vit sur le rivage des mers et des océans. Elle **aspire** l'eau pour en tirer des aliments microscopiques.

Le nudibranche

Ces limaces de mer aux couleurs éclatantes vivent sur le **fond marin**. Elles respirent grâce à leur peau ou grâce à des branchies qui ressemblent à des plumes.

La méduse

La méduse n'a pas de cerveau, pas de cœur, pas d'os et pas d'yeux ! Elle se laisse **flotter**, portée par les courants marins.

La plume de mer **brille** dans le noir quand on la touche.

La plume de mer

Ancrée sur le fond marin, elle utilise ses tentacules pour attraper la nourriture qui passe **à sa portée**.

L'anémone de mer

L'anémone de mer vit dans les eaux de mer **peu profondes**. Elle n'est pas enracinée dans le sable et peut se déplacer sur le sol marin.

Le corail

Les eaux tropicales accueillent de magnifiques groupes de coraux. Ces animaux peuvent former d'immenses montagnes, appelées des « **récifs** ».

Les espèces disparues

Voici quelques-uns des nombreux animaux qui ont vécu autrefois sur Terre, mais qui n'existent malheureusement plus.

Le tricératops

Le tricératops était un **dinosaure** herbivore doté de trois longues cornes. Il vivait sur Terre il y a des millions d'années.

Le mammouth laineux

Cet animal, aussi grand qu'un éléphant, vivait dans des régions glaciaires il y a des **milliers** d'années. Les mammouths ont été chassés par les premiers humains.

Le dodo

Cet **oiseau**, gros comme une dinde, a été chassé par les humains. Le dernier des dodos a été vu en 1662.

Les espèces menacées

Les animaux suivants sont si peu nombreux qu'ils pourraient disparaître très prochainement.

L'axolotl

On ne trouve plus l'axolotl que dans quelques lacs. Les **eaux polluées** des villes voisines rendent leur survie difficile.

Le marsouin aptère, aussi appelé « princesse Yangtsé »

Ce marsouin ne vit pas dans la mer, mais dans les fleuves. Il se fait attraper par accident dans les **filets de pêche**.

Le rhinocéros de Java

C'est devenu l'un des animaux **les plus rares** : il n'en existe plus qu'une soixantaine. Ils ont chacun reçu un prénom : on peut ainsi mieux suivre leur trace et les protéger.

Glossaire

Camouflage
Permet à un animal de passer inaperçu en se fondant dans son environnement.

Chrysalide
État intermédiaire entre la chenille et le papillon.

Cuirasse
Revêtement protecteur qui recouvre un animal et le protège des agressions.

Colonne vertébrale
Tige osseuse constituée de vertèbres.

Désert
Région chaude ou froide où il pleut rarement.

Forêt tropicale
Forêt dense et humide où il pleut très souvent.

Habitat
Lieu de vie d'un animal. Par exemple : l'habitat des requins, c'est l'océan.

Imperméable
Qui ne laisse pas passer l'eau. Par exemple, la peau est imperméable.

Lagon
Eau peu profonde, qui ressemble à une mare.

Marécage
Zone d'eau boueuse où poussent des plantes aquatiques.

Mollusque
Famille d'invertébrés ayant un corps mou et, souvent, une coquille solide.

Nageoire dorsale
Nageoire située sur le dos d'un poisson ou d'un mammifère marin, qui lui permet de garder son équilibre lorsqu'il nage.

Nectar
Liquide sucré produit par une fleur.

Nocturne
Se dit d'un animal qui dort le jour et vit la nuit.

Prairie
Vaste espace couvert d'herbes et de fleurs.

Prédateur
Animal qui en chasse d'autres pour se nourrir.

Proie
Animal chassé par un autre animal.

Sauvage
Un animal sauvage vit en liberté dans la nature.

Savane
Vastes plaines où poussent très peu d'arbres, situées dans les pays chauds.

Sens
Les animaux perçoivent le monde grâce à leurs cinq sens : la vue, l'odorat, le goût, l'ouïe et le toucher.

Sensible
Qui a un sens du toucher très développé.

Squelette
Structure osseuse d'un animal.

Terrier
Trou ou tunnel dans lequel vit un animal.

Transparent
Qui permet de voir à travers.

Tropical
Climat ou habitat chaud et humide.

Venimeux
Se dit d'un animal capable d'injecter du venin par une morsure ou une piqûre.

Venin
Liquide toxique, qui peut tuer ou rendre malades les êtres vivants.

Les animaux de A à Z

A
Abeille 122
Aigle 79
Alligator 93
Alpaga 40
Anémone de mer ...137
Araignée 129
Autruche 89
Axolotl 139

B
Baleine 42-43
Blaireau 23
Bourdon 122
Buffle 36

C
Cabiai 54
Cacatoès 73
Caïman 93
Caméléon 96-97
Canard 85
Castor 55
Cerf 35
Chardonneret d'eau .114
Chat 16-17
Chat marsupial 65
Chauve-souris .. 48-49
Chien 18-19
Cheval 32
Coccinelle 127
Cochon d'Inde 55
Corail 137
Crabe 130
Crapaud 104
Crocodile 92
Cygne 85

D
Dauphin 44
Dingo 21
Dinosaure 138
Dodo 138
Dromadaire 38

E
Échidné 67
Élan 35
Éléphant 62
Escargot 134
Étoile de mer 121

F
Faucon pèlerin 79
Flamant rose 84
Fourmi 122
Fourmilier 60-61

G
Gerboise naine 54
Girafe 39
Gorille 56
Grenouille 105
Guépard 13
Guêpe 123

H
Hérisson 50
Hibou 80-81
Hippocampe ..112-113
Hippopotame 46

I
Iguane 95

J
Jaguar 15

K
Kangourou 64
Kiwi 88
Koala 64
Kookaburra 77
Krill 131

L
Lama 41
Lapin 52
Léopard 14
Lézard 94
Libellule 125
Lièvre 53
Limace 134
Lion 12
Lion des pucerons .123
Loup 20
Loutre de mer 22
Lynx 13

M

Mammouth laineux. 138
Manchot 82-83
Mante de mer 131
Mante religieuse ... 123
Marsouin 139
Martin-pêcheur 76
Méduse 136
Milan royal 78
Morse 24
Mouche 122
Moule 135
Mouton 37

N

Narval 45
Nautile 133
Nudibranche 135

O

Oie 85
Oiseaux chanteurs ... 70
Opossum 65
Orang-outan 57
Ornithorynque 66
Orque 44
Ours brun 26
Ours polaire 27
Oursin 120

P

Panda géant 28
Panda roux 29
Panthère 14-15
Paon bleu 86
Papillon 124
Paresseux 60
Perroquet 72
Phoque 25
Pic-vert 75
Pieuvre 132
Piranha 115
Plume de mer 136
Poney 32
Poisson-zébre 110
Poule 87
Puma 13
Putois 23

Q

Quokka 65

R

Raie 116
Rascasse 111
Renard 21
Requin 117
Rhinocéros 30

S

Salamandre 106
Scarabée 126
Scorpion 128
Seiche 133
Serpent 98-99
Singe 58-59
Souris 54

T

Tatou 61
Taupe 51
Tigre 12
Tortue 100-101
Toucan 74
Tricératops 138
Triton 107

V

Vache 37
Vautour 79
Vigogne 41

W

Wallaby 65
Wombat 64

Y

Yack 34

Z

Zèbre 33

Penguin Random House

Auteur Zeshan Akhter
Illustrateurs Jean Claude, Livi Gosling, Kaja Kajfez, Charlotte Milner, Marc Pattenden, Sandhya Prabhat, Kate Slater, Sara Ugolotti

Editor Katie Lawrence
Designer Sonny Flynn
Senior designer and jacket designer Elle Ward
Editorial assistant Kieran Jones
Design assistants Sif Nørskov, Holly Price
Publishing coordinator Issy Walsh
Managing editor Jonathan Melmoth
Managing art editor Diane Peyton Jones
Production editor Dragana Puvacic
Production controller Magdalena Bojko
Deputy art director Mabel Chan
Publishing director Sarah Larter

Educational consultant Penny Coltman

Traduction française Marie Leym
Correction ScribAnne

Première édition en Grande-Bretagne en 2022 par Dorling Kindersley Limited
Titre original : *The Bedtime Book of Animals*

One Embassy Gardens, 8 Viaduct Gardens, London, SW11 7BW

Le représentant autorisé pour l'EEE est Dorling Kindersley Verlag GmbH. Arnulfstr. 124, 80636 Munich, Germany.

Fabriqué par les éditions Auzou.
24-32, rue des Amandiers, 75020 Paris, France.

Imprimé en Chine. Printed in China

Dépôt légal : septembre 2024

www.dk.com

Remerciements

DK voudrait remercier : Helen Peters pour l'index et Caroline Hunt pour la préparation de copie.

Illustrations copyright © Charlotte Milner 2018 :
11, 26 Ours brun. **122, couverture** Bourdon.

Illustrations copyright © Sandhya Prabhat 2020 :
69, 72, couverture Perroquets. **73** Cacatoès. **91, 95** Iguanes.

Illustrations copyright © Kate Slater 2020 :
18–19 Chiens. **39** Girafe. **52** Lapin. **60–61** Fourmilier. **62–63** Éléphants. **78** Condor des Andes, milan royal. **79** Vautour royal. **122** Fourmi volante. **Couverture** Chien, girafe.

Illustrations copyright © Kate Slater 2022 :
4–5 Arbre de la vie . **11** Souris. **27** Ours polaire. **53** Lièvres. **54–55** Rongeurs. **60–61** Paresseux, tatou. **70–71** Oiseaux chanteurs. **69, 79** Pygargue à tête blanche, faucon pèlerin **84, couverture** Flamants roses. **85** Cygnes, oie, canards. **109** Grand requin blanc. **117** Requins. **118, 123** Mantes religieuses. **123** Chrysope verte, guêpe

Toutes les autres images © Dorling Kindersley
For further information see www.dkimages.com